I0188651

Lore Maria Peschel-Gutzeit
**Zur rechtlichen Auseinandersetzung mit der NS-Gewaltherrschaft
und dem SED-Regime**

Schriftenreihe
der
Juristischen Gesellschaft zu Berlin

Heft 142

W
DE
G

1995
Walter de Gruyter · Berlin · New York

Zur rechtlichen Auseinandersetzung mit der NS-Gewaltherrschaft und dem SED-Regime

Von
Lore Maria Peschel-Gutzeit

Überarbeitete und ergänzte Fassung eines Vortrages
gehalten vor der
Juristischen Gesellschaft zu Berlin
am 7. Juni 1995

W
DE
G

1995
Walter de Gruyter · Berlin · New York

Dr. iur. *Lore Maria Peschel-Gutzeit*,
Senatorin für Justiz in Berlin

♾ Gedruckt auf säurefreiem Papier,
das die US-ANSI-Norm über Haltbarkeit erfüllt.

Die Deutsche Bibliothek – CIP-Einheitsaufnahme

Peschel-Gutzeit, Lore Maria:
Zur rechtlichen Auseinandersetzung mit der NS-
Gewaltherrschaft und dem SED-Regime : überarbeitete und
ergänzte Fassung eines Vortrages gehalten vor der Juristischen
Gesellschaft zu Berlin am 7. Juni 1995 / von Lore Maria
Peschel-Gutzeit. – Berlin ; New York : de Gruyter, 1995
  (Schriftenreihe der Juristischen Gesellschaft zu Berlin ; H. 142)
  ISBN 3-11-014997-4
NE: Juristische Gesellschaft <Berlin>: Schriftenreihe der Juristischen
  ...

© Copyright 1995 by Walter de Gruyter & Co., D-10785 Berlin
Dieses Werk einschließlich aller seiner Teile ist urheberrechtlich geschützt. Jede Verwertung außerhalb der
engen Grenzen des Urheberrechtsgesetzes ist ohne Zustimmung des Verlages unzulässig und strafbar. Das gilt
insbesondere für Vervielfältigungen, Übersetzungen, Mikroverfilmungen und die Einspeicherung und Verar-
beitung in elektronischen Systemen.
Printed in Germany
Satz und Druck: Saladruck, Berlin
Buchbinderische Verarbeitung: Dieter Mikolai, Berlin

Mein Thema umfaßt nicht nur historische und juristische, sondern auch aktuelle und politisch brisante Fragen.[1] Denn es geht um jene – mittlerweile doppelte – deutsche „Vergangenheit, die nicht vergehen will".[2] Dieses Wort stand auch am Anfang jener Überlegungen, mit denen *Ernst Nolte* vor nahezu zehn Jahren den Historikerstreit provozierte.[3] Womit ich nicht etwa andeuten will, daß ich mir hier ähnliche Provokationen vorgenommen habe.

Mir geht es vielmehr um jene Aktualität der Vergangenheit, die uns in Berlin quasi auf Schritt und Tritt begleitet. In den letzten Monaten standen dabei das Kriegsende und die Befreiung von der nationalsozialistischen Gewaltherrschaft vor 50 Jahren im Vordergrund. Aber auch die Auseinandersetzung mit dem SED-Regime, das nach den ersten freien Wahlen in der DDR vor fünf Jahren endgültig abtreten mußte, begleitet uns ja ständig. So unterschiedlich die beiden deutschen Diktaturen dieses Jahrhunderts zu Ende gingen – nämlich einerseits durch militärische Befreiung von außen und andererseits durch friedliche Revolution von innen –, so verschieden sind auch ihre Hinterlassenschaften. Diese Hinterlassenschaften muß man sich noch einmal vergegenwärtigen, bevor auf die rechtliche Auseinandersetzung damit eingegangen wird.

Am Ende der nationalsozialistischen Herrschaft standen Not, Elend und Zerstörung. Der von Deutschland ausgelöste Krieg hatte 60 Millionen Menschen das Leben gekostet. Die Vernichtung der europäischen Juden war im deutschen Machtbereich bis zuletzt mit gnadenloser Brutalität und fabrikmäßigen Methoden betrieben worden, was dieses Verbrechen – im Gegensatz zu den Thesen Ersnt Noltes und seiner Anhänger – eben tatsächlich „einzigartig" macht.[4] In den Völkermord waren auch Cinti und Roma

[1] Überarbeitete und ergänzte Fassung eines Vortrages vor der Juristischen Gesellschaft zu Berlin am 7. 6. 1995.

[2] So der Titel des ersten Berichts der Frankfurter Allgemeinen Zeitung vom 6. 6. 1986 über die Thesen *Ernst Noltes*.

[3] *Ernst Nolte*, Der europäische Bürgerkrieg 1917–1945. Nationalsozialismus und Bolschewismus, Frankfurt/Berlin 1987. Siehe hierzu *Hans-Ulrich Wehler*, Entsorgung der deutschen Vergangenheit? Ein polemischer Essay zum „Historikerstreit", München 1988. Vgl. auch *Hans-Hermann Wiebe* (Hrsg.), Die Gegenwart der Vergangenheit. Historikerstreit und Erinnerungsarbeit, Bad Segeberg 1989.

[4] Zur Vernichtung der europäischen Juden siehe nach wie vor das Standardwerk von *Wolfgang Scheffler*, Judenverfolgung im Dritten Reich, Berlin 1964. Vgl. des weiteren *Raul Hilberg*, Die Vernichtung der europäischen Juden. Die Gesamtgeschichte des Holocaust, Berlin 1982.

6

einbezogen worden. Millionen sowjetischer Kriegsgefangener und – vor allem – polnischer Zwangsarbeiter mußten schlichtweg verhungern oder wurden auf andere Weise getötet.[5] In Polen gibt es buchstäblich keine Familie, die keine Opfer zu beklagen hätte – und zwar nicht nur auf Grund von Kriegshandlungen, sondern auch auf Grund des Besatzungs-Terrors. In Deutschland selbst waren über 100.000 Behinderte und Kranke nationalsozialistischen Mordaktionen zum Opfer gefallen.[6] In den Konzentrationslagern litten und starben zunächst vor allem politische Gegner des NS-Regimes, dann in zunehmendem Maße sogenannte „Gemeinschaftsfremde" wie angebliche Berufsverbrecher und „Asoziale" und schließlich alle dem Regime Unliebsamen.[7] Allein die deutsche Justiz sprach die heute fast unvorstellbare Zahl von mindestens 50.000 Todesurteilen. Daran hatten die Kriegs- und Sondergerichte sowie der Volksgerichtshof den größten Anteil. Aber auch die ordentliche Justiz, und zwar insbesondere das Reichsgericht, die Oberlandes- und die Landgerichte, beteiligte sich am inflationären Gebrauch der Todesstrafe.[8]

Die zweite deutsche Diktatur zeichnete – wenngleich in weit geringerem Umfang – ebenfalls für Tötungsverbrechen verantwortlich. Wer dem SED-Staat zu entkommen trachtete, sah sich mit dem Schußwaffengebrauch an den Grenzen zur Bundesrepublik und zu Berlin (West) konfrontiert. Mehrere Hundert wehrloser Flüchtlinge fielen diesem Grenzregime zum Opfer.[9] Darüber hinaus wurden tatsächliche oder auch nur angebliche Gegner des Regimes ausgeschaltet. In zum Teil monströsen Schauprozessen

6

[5] Siehe *Alfred Streim*, Die Behandlung sowjetischer Kriegsgefangener im „Fall Barbarossa". Eine Dokumentation unter Berücksichtigung der Unterlagen deutscher Strafverfolgungsbehörden, Karlsruhe 1981; *Ulrich Herbert*, Fremdarbeiter. Politik und Praxis des „Ausländer-Einsatzes" in der Kriegswirtschaft des Dritten Reiches, Berlin/Bonn 1985; *Reinhard Rürup*, Der Krieg gegen die Sowjetunion. Eine Dokumentation, Berlin 1991.
[6] Vgl. *Götz Aly*, Aktion T 4 1939–1945. Die „Euthanasie"-Zentrale in der Tiergartenstraße 4, Berlin 1987; *Hans-Walter Schmuhl*, Rassenhygiene, Nationalsozialismus, Euthanasie, Göttingen 1987.
[7] Siehe *Martin Broszat*, Nationalsozialistische Konzentrationslager 1933–1945, in: *Hans Buchheim/Martin Broszat/Hans-Adolf Jacobsen/Helmut Krausnick*, Anatomie des SS-Staates, Bd. 2, München 1967, S. 11–124; *Johannes Tuchel*, Konzentrationslager. Organisationsgeschichte und Funktion der Inspektion der Konzentrationslager 1934–1938, Boppard am Rhein 1991; *ders.*, Die Inspektion der Konzentrationslager 1938–1945. Das System des Terrors, Berlin 1994.
[8] Zu den Zahlenangaben vgl. mit weiteren Nachweisen *Klaus Bästlein*, Als Recht zu Unrecht wurde. Zur Entwicklung der Strafjustiz im Nationalsozialismus, in: Aus Politik und Zeitgeschichte (Beilage zur Wochenzeitung Das Parlament), B 13–14/1989 vom 24. 3. 1989, S. 1–14.
[9] Vgl. Bundesministerium der Justiz (Hrsg.), „Im Namen des Volkes? Über die Justiz im Staat der SED". Katalaog, Dokumentenband und Begleitband zur gleichnamigen Ausstellung, 3 Bde., Leipzig 1994.

sprachen das Oberste Gericht und die politischen Strafsenate bei den Bezirksgerichten über 200 Todesurteile, von denen mehr als 150 vollstreckt wurden.[10] Darin – und in den Auftragsmorden der Staatssicherheit – erschöpft sich dann allerdings die blutige Bilanz des SED-Regimes.

Die verschiedenartige Hinterlassenschaft der beiden Diktaturen wirkt in die rechtliche Auseinandersetzung mit ihnen hinein. DAbei ist auch das Verhältnis der Bevölkerung zum jeweiligen Regime von Bedeutung. So hat die große Mehrheit der Deutschen 1939 und später ihren „Führer" tatsächlich verehrt, ja vielleicht sogar geliebt.[11] Wer aber liebte Erich Honecker oder gar Walter Ulbricht? – Diese rhetorische Frage zielt auf jene mentalen Strukturen, die das Vorgehen der Handelnden und Betroffenen bestimmten. Sie sind von um so größerer Bedeutung als das deutsche Volk bei der Befreiung von der NS-Herrschaft vor 50 Jahren ja keineswegs ausgetauscht wurde. Fragwürdige Loyalitäten bestanden vielmehr noch lange fort.

Was nun die rechtliche Auseinandersetzung mit der NS-Gewaltherrschaft angeht, so ging dieser – vor fast auf den Tag genau 50 Jahren – die „Berliner Erklärung" vom 5. Juni 1945 voraus, mit der die vier Alliierten die Staatsgewalt in Deutschland übernahmen. Weite Teile der deutschen Völker- und Staatsrechtslehre mochten sich damit allerdings nicht abfinden. Nach ihrer Auffassung waren die Alliierten nicht Inhaber der Staatsgewalt, sondern verwalteten diese nur „treuhänderisch" oder „geschäftsführend".[12] Die Bundesrepublik wurde von ihnen zur alleinvertretungsberechtigten „Rechtsnachfolgerin" des Dritten Reiches erklärt. Angesichts der nationalsozialistischen Rechtsverwüstung bleibt es mir bis heute unverständlich, wie der demokratische und soziale Rechtsstaat des Grundgesetzes auf diese Weise in eine Kontinuitätslinie mit dem Dritten Reich gerückt wurde. Erst die Verträge aus Anlaß der deutschen Einheit schufen hier 1990 Klarheit.

Wenn die Alliierten also selbst die Staatsgewalt innehatten und sie nicht nur „verwalteten", dann konnten sie auch Recht setzen und Strafgewalt ausüben. Davon machten sie im „Londoner Statut" vom 8. August 1945 mit der Einsetzung eines Internationalen Militärgerichtshofes Gebrauch. Am

[10] Nach dem derzeitigen Erkenntnisstand wurden 207 Angeklagte zum Tode verurteilt und 170 hingerichtet. – Zur politischen Strafjustiz in der DDR siehe jetzt vor allem *Falco Werkentin*, Politische Strafjustiz in der Ära Ulbricht, Berlin 1995.
[11] Vgl. *Ian Kershaw*, Der Hitler-Mythos. Volksmeinung und Propaganda im Dritten Reich, München 1980.
[12] Vgl. nur *Wilhelm Grewe*, Ein Besatzungsstatut für Deutschland. Die Rechtsformen der Besetzung, Stuttgart 1948; *ders.*, Punkt Vier, in: Archiv des öffentlichen Rechts, Bd. 78, 1952/53, S. 493–496; *Friedrich Klein*, Neues Deutsches Verfassungsrecht, Frankfurt/M. 1949; *Rolf Stödter*, Deutschlands Rechtslage, Hamburg 1948; *Rudolf Schuster*, Deutschlands staatliche Existenz im Widerstreit politischer und rechtlicher Gesichtspunkte 1945–1963, München 1963.

8

18. Oktober 1945 wurde dem Gericht die Anklage übergeben – das geschah übrigens hier in Berlin, und zwar im Plenarsaal des Kammergerichts an der Elßholzstraße. Ein Jahr zuvor hatte Roland Freisler in demselben Saal die Schauprozesse gegen die Männer und Frauen des 20. Juli 1944 inszeniert.[13] Ob das auch den Alliierten bei der Vorlage ihrer Anklage im Herbst 1945 bekannt war, konnte bislang allerdings nicht festgestellt werden. Der Prozeß fand jedenfalls nicht in Berlin, sondern vom 14. November 1945 bis 1. Oktober 1946 im Nürnberger Justizpalast statt – und ist daher bis heute mit dem Namen dieser Stadt verbunden. Nach einer Prozeßdauer von knapp einem Jahr – heute kaum noch vorstellbar angesichts der weitreichenden Anklagen – verhängte der Internationale Militärgerichtshof gegen die 23 führenden Repräsentanten des NS-Regimes 13mal die Todesstrafe, dreimal lebenslängliches Gefängnis und viermal zeitige Gefängnisstrafen. Drei Angeklagte wurden freigesprochen.[14] Das Urteil selbst ist ein Dokument von historischem Rang, das erstmals weite Bereiche der nationalsozialistischen Gewaltkriminalität offenlegte, auch wenn es heute dazu heute – natürlich – weiterführende Erkenntnisse gibt.[15]

Trotz der positiven Haltung vieler Deutscher zum NS-Regime stießen der Prozeß und das Urteil zunächst auf Interesse und Akzeptanz. Erst 1947 wandelte sich diese Grundeinstellung.[16] In diesem Jahr erreichte die „Entnazifizierung" ihren Höhepunkt – und Millionen „kleiner Mitläufer" wähnten sich plötzlich selbst auf der Anklagebank. Wir wissen heute, wie kläglich das von Anfang an überdimensionierte Projekt der „Entnazifizierung" scheiterte, und daß es am Ende – vor dem Hintergrund der beginnenden Ost-West-Konfrontation – sogar zur Exkulpation der tatsächlich Belasteten beitrug.[17] Zutreffend meinte der Volksmund damals: „Die Kleinen hängt man – und die Großen läßt man laufen."

[13] Zum Volksgerichtshof und seiner Tätigkeit vgl. *Walter Wagner*, Der Volksgerichtshof im nationalsozialistischen Staat, Stuttgart 1974; *Klaus Marxen*, Das Volk und sein Gerichtshof. Eine Studie zum nationalsozialistischen Volksgerichtshof, Frankfurt/M. 1994. – In und vor dem Plenarsaal des Kammergerichts wird künftig mit zwei Gedenk- und drei Informationstafeln auf die Schauprozesse in Gefolge des 20. Juli 1944 und die Geschichte des Gerichts hingewiesen.
[14] International Military Tribunal, Sekretariat (Hrsg.), Der Prozeß gegen die Hauptkriegsverbrecher vor dem Internationalen Militärgerichtshof Nürnberg 14. 11. 1945–1. 10. 1946. Amtlicher Text in deutscher Sprache, 42 Bde., Nürnberg 1947–49.
[15] Das Urteil von Nürnberg 1946, München 1961.
[16] Siehe *Peter Steinbach*, Nationalsozialistische Gewaltverbrechen. Die Diskussion in der deutschen Öffentlichkeit nach 1945, Berlin 1981; *Ulrich Brochhagen*, Nach Nürnberg. Vergangenheitsbewältigung und Westintegration in der Ära Adenauer, Hamburg 1994.
[17] Vgl. vor allem *Lutz Niethammer*, Die Mitläuferfabrik. Entnazifizierung am Beispiel Bayern, Frankfurt/M. 1982; *Clemens Vollnhals* (Hrsg.), Entnazifizierung. Politische Säuberung und Rehabilitierung in den vier Besatzungszonen 1945–1949, München 1991.

Schon die zwölf „Nürnberger Nachfolge-Prozesse" wurden von der deutschen Öffentlichkeit kaum mehr beachtet. Dabei hätte zumindest bei den Juristen der sogenannte „Juristenprozeß", der vom 17. Februar bis 4. Dezember 1947 vor dem amerikanischen Militärgericht Nr. III stattfand, Beachtung verdient. Angeklagt waren Hitlers geschäftsführender Justizminister Franz Schlegelberger, die Staatssekretäre Rothenberger und Klemm, sechs Beamte des Reichsjustizministeriums sowie sieben Richter und Staatsanwälte. In der Urteilsbegründung findet sich nicht nur die klassisch gewordene Formulierung vom Dolch des Mörders, der unter der Robe des Juristen verborgen war. Vielmehr wurde dem Hauptangeklagten Schlegelberger, den manche für den letzten anständigen Juristen unter Hitler hielten, vielleicht sogar noch halten, auch bescheinigt:[18]

„Das Beweismaterial ergibt schlüssig, daß ... Schlegelberger und die anderen Angeklagten ... die schmutzige Arbeit übernahmen, die die Staatsführer forderten, und das Justizministerium als Werkzeug zur Vernichtung der jüdischen und polnischen Bevölkerung, zur Terrorisierung der Einwohner der besetzten Gebiete und zur Ausrottung des politischen Widerstands im Inneren benutzten. ... Die Preisgabe des Rechtssystems eines Staates zur Erreichung verbrecherischer Ziele untergräbt diesen mehr als ausgesprochene Greueltaten, welche den Talar des Richters nicht besudeln. ... Wenn die Justiz Tausende hinschlachten konnte, warum sollte die Polizei dann nicht Zehntausende hinschlachten? ... Wir geben uns keiner falschen Auffassung hin. Schlegelberger ist eine tragische Gestalt. Er liebte das Geistesleben, das Leben des Gelehrten. Er verabscheute das Böse, das er tat, aber er verkaufte sein Gelehrtentum an Hitler für ein politisches Linsengericht und die eitle Hoffnung persönlicher Sicherheit."[19]

Dieser „Juristenprozeß" wurde – wie schon angedeutet – kein Lehrstück. Während eine Dokumentation über den „Ärzteprozeß" heilsame Wirkungen entfaltete, ist das Juristenurteil bis heute nicht einmal im Buchhandel erhältlich.[20] Zwar veröffentlichte das Zentrale Justizamt für die Britische Zone 1948 den Allgemeinen Teil des Urteils. Aber der Besondere Teil mit den aufschlußreichen Ausführungen zu den einzelnen Angeklagten wurde

[18] Zu Schlegelberger siehe die apologetische Kieler Dissertation von *Arne Wulff*, Staatssekretär Prof. Dr. Dr. h. c. Franz Schlegelberger 1876–1970, Frankfurt/Bern/New York/Paris 1991; vgl. dagegen *Eli Nathans*, Franz Schlegelberger, Baden-Baden 1990 (Kritische Justiz, Der Unrechts-Staat III) und die jüngst an der FU Berlin abgeschlossene Dissertation von *Michael Förster*, Jurist im Dienst des Unrechts, Baden-Baden 1995.

[19] Zitiert nach: Zentral-Justizamt für die Britische Zone (Hrsg.), Das Nürnberger Juristenurteil (vollständiger Text), Hamburg 1948, S. 143 f (grammatikalische Fehler der Übersetzung wurden stillschweigend korrigiert).

[20] *Alexander Mitscherlich/Fred Mielke*, Wissenschaft ohne Menschlichkeit, Heidelberg 1949 (Neuausgabe unter dem Titel Medizin ohne Menschlichkeit. Dokumente des Nürnberger Ärzteprozesses, Frankfurt/M. 1960).

bezeichnenderweise mit dem Vermerk „Nur für den Dienstgebrauch" versehen und lediglich justizintern in ganz geringer Auflage verbreitet.[21]
Auf Grund des Kontrollratsgesetzes Nr. 10 vom 20. Dezember 1945 konnte jede der vier alliierten Mächte eigene Gerichtshöfe für die Aburteilung von NS-Verbrechen bilden. Das geschah in allen Besatzungszonen. Dabei befaßten sich die Militärgerichte vor allem mit Verbrechen gegen alliierte Staatsbürger und Prozesse gegen die Wachmannschaften der Konzentrationslager von Neuengamme bis Dachau. So wurden in der französischen Zone rund 2000, in der amerikanischen etwa 1500 und in der britischen ca. 1000 Angeklagte abgeurteilt.[22] Für die sowjetische Zone liegen keine verläßlichen Zahlenangaben vor.[23]
Parallel dazu nahmen die ab Herbst 1945 wiedereröffneten deutschen Gerichte die Strafverfolgung von NS-Verbrechen auf. In den Verfahren ging es – sozusagen spiegelbildlich zu den von den alliierten Militärgerichten verfolgten Taten – vor allem um Verbrechen, die an Deutschen verübt worden waren. Dabei waren auch die deutschen Gerichte gehalten, das Kontrollgesetz Nr. 10 anzuwenden, das in seinem Art. II Abs. 1 vier Tatbestände normierte: Verbrechen gegen den Frieden, Kriegsverbrechen, Verbrechen gegen die Menschlichkeit und Zugehörigkeit zu verbrecherischen Organisationen. Kritik entzündete sich vor allem an der rückwirkenden Anwendung der Vorschrift über Verbrechen gegen die Menschlichkeit. Wiederholt bedurfte es des Drucks der jeweiligen Besatzungsmacht, um deutsche Gerichte zur Anwendung des alliierten Rechts zu veranlassen.[24]
Wurde von der deutschen Völker- und Staatsrechtslehre die Legitimation der Alliierten zur Gesetzgebung und Strafverfolgung bezweifelt, so

[21] Siehe Anm. 17. – Vgl. aber *Heribert Ostendorf/Heino ter Veen*, Das „Nürnberger Juristenurteil". Eine kommentierte Dokumentation, Frankfurt/New York 1985. Der Band enthält auch Auszüge des Besonderen Teils des Urteils zu den Angeklagten Schlegelberger, Oeschey und Cuhorst.
[22] Zahlenangaben nach *Adalbert Rückerl*, NS-Verbrechen vor Gericht. Versuch einer Vergangenheitsbewältigung, Heidelberg 1982, S. 95–99.
[23] Im Mai 1950 sollen sich 13 532 Verurteilte in sowjetischen Lagern befunden haben, siehe ebenda S. 100. Unklar ist jedoch, inwieweit es sich dabei um Personen handelte, die wegen nationalsozialistischer Gewaltverbrechen abgeurteilt worden waren. Denn die sowjetischen Militärtribunale verfolgten nicht nur NS-Täter, sondern auch andere Straftaten. Hinzu tritt eine Praxis, nach der – ähnlich wie bei den „Waldheim Verfahren" der DDR-Justiz – auch vollkommen unbelastete Personen als angebliche NS-Täter abgeurteilt wurden. Zu den „Waldheim Verfahren" siehe *Wolfgang Eisert*, Die Waldheimer Prozesse – Der stalinistische Terror 1950, München 1993 und jetzt *Werkentin*, Politische Strafjustiz, a. a. O. (wie Anm. 10), S. 174–197.
[24] Vgl. Joachim *Reinhold Wenzlau*, Der Wiederaufbau der Justiz in Nordwestdeutschland 1945 bis 1949, Königstein/Ts. 1979; *Hans Wrobel*, Verurteilt zur Demokratie, Justiz und Justizpolitik in Deutschland 1945–1949, Heidelberg 1989.

nahm bald auch ein gewichtiger Teil der Strafrechtswissenschaft gegen die alliierten Prozesse, das Kontrollratsgesetz Nr. 10 und den Tatbestand des Verbrechens gegen die Menschlichkeit Stellung. Insbesondere hielt man die im deutschen Strafrecht zentralen Maximen des „nullum crimen sine lege, nulla poena sine lege" für verletzt.[25] Verkannt wurde dabei freilich, daß das Völkerstrafrecht diese Maximen so nicht kennt, sondern bei Verletzungen anerkannter Grundsätze auch „rückwirkende" Normierungen zuläßt. Schon während des Krieges hatten die Alliierten erklärt, daß sie NS-Verbrechen ahnden wollten. Und gerade der Tatbestand des Verbrechens gegen die Menschlichkeit entsprach deutschen Strafvorschriften. Denn Freiheitsberaubung, Körperverletzung und Mord waren stets strafbar.[26]

Es wurden also keine zur Tatzeit straflosen Handlungen pönalisiert, sondern nur bestehende Strafvorschriften in veränderter Form angewandt. Von einer Verletzung des Rückwirkungsverbotes konnte mithin allenfalls in einem streng formalen Sinn die Rede sein. Gleichwohl war die Folge der anhaltenden Kritik weiter Teile der deutschen Rechtswissenschaft, daß die gesamte Strafverfolgung nationalsozialistischer Gewaltverbrechen mit dem Odium der Rechtsstaatswidrigkeit versehen wurde. Das Wort von der „Siegerjustiz" machte die Runde. Bald war auch von „Nestbeschmutzern" die Rede. Schon fünf Jahre nach dem Ende der nationalsozialistischen Herrschaft verlangte eine qualifizierte Mehrheit der Westdeutschen, daß endlich ein „Schlußstrich" unter die Vergangenheit gezogen werde.[27]

Die erste Bundesregierung gab dieser Stimmung ohne weiteres nach. Die „Entnazifizierung" wurde mit der nahezu vollständigen Rehabilitierung aller Belasteten abgeschlossen. Auf Grund des Ausführungsgesetzes zum Artikel 131 Grundgesetz erhielten 1951 auch NS-Aktivisten ihre „wohlerworbenen Rechte" zurück.[28] Praktisch alle noch verwendungsfähigen

---

[25] Siehe mit weiteren Nachweisen *Carl Haensel*, Der Ausklang von Nürnberg, in: Neue Juristische Wochenschrift (NJW) 1949, S. 367–371; *Hodo Frh. von Hodenberg*, Zur Anwendung des Kontrollratsgesetzes Nr. 10 durch deutsche Gerichte, in: Süddeutsche Juristenzeitung 1947, S. 114–123; *Hans-Heinrich Jescheck*, Die Verantwortlichkeit der Staatsorgane nach Völkerstrafrecht – Eine Studie zu den Nürnberger Prozessen, Bonn 1952.

[26] So auch die zutreffende Argumentation mit weiteren Nachweisen bei *Ostendorf/ ter Veen*, „Nürnberger Juristenprozeß", a. a. O. (wie Anm. 21), S. 34–50.

[27] Vgl. *Steinbach*, Nationalsozialistische Gewaltverbrechen, a. a. O. (wie Anm. 16); *Ulrich Brochhagen*, Nach Nürnberg, a. a. O. (wie Anm. 16).

[28] Das Ausführungsgesetz zu Art. 131 GG führte in den fünfziger und sechziger Jahren zu einer der spannendsten juristischen Debatten in der Geschichte der Bundesrepublik, bei der sich der Bundesgerichtshof und das Bundesverfassungsgericht in mehreren Entscheidungen hinsichtlich der Fortgeltung von Beamtenrechten über das Jahr 1945 hinaus heftig befehdeten, siehe *Michael Kirn*, Verfassungsumsturz oder Rechtskontinuität? Die Stellung der Jurisprudenz nach 1945 zum Dirtten Reich, Berlin 1972.

Richter und Staatsanwälte kehrten nun in den Justizdienst zurück.[29] Gleichzeitig setzten sich die höchsten Repräsentanten der zweiten deutschen Demokratie für die Begnadigung der von alliierten Gerichten verurteilten NS-Verbrecher ein. Franz Schlegelberger, der zu lebenslangem Gefängnis verurteilt worden war, kam beispielsweise schon 1950 frei.[30] Nach zähen Auseinandersetzungen mit den Alliierten wurde ab 1951 auch das Kontrollratsgesetz Nr. 10 nicht mehr angewandt.[31] 1954 trat ein Amnestiegesetz hinzu, daß sogar Tötungs-Verbrechen in der „Schlußphase des Krieges" – 1. Oktober 1944 bis 31. Juli 1945 – straffrei bleiben konnten. Wer sich 1945 eine falsche Identität zugelegt hatte, konnte nun sanktionslos wieder „auftauchen".[32]

Vor diesem Hintergrund herrschte bei den Strafverfolgungsbehörden in den fünfziger Jahren die Auffassung vor, die Auseinandersetzung mit den NS-Verbrechen sei abgeschlossen. In der Folgezeit trat ein „justitium", ein faktischer Stillstand der Rechtspflege ein. Bis Ende 1952 wurden rund 4500 Personen von deutschen Gerichten wegen NS-Verbrechen rechtskräftig verurteilt. Der Höhepunkt war 1948 mit 1819 Verurteilten erreicht worden. 1953 sank die Zahl der Verurteilten auf 123, 1954 auf 44 und 1955 auf 21 Personen.[33] Zwar hatte sich die im Bundestag ebenfalls erhobene Forderung nach einer Generalamnestie nicht durchsetzen können. Aber auf Grund der politischen Vorgaben beendeten Staatsanwaltschaften und Gerichte faktisch die Verfolgung von NS-Verbrechen.

Aus der Ruhe der fünfziger Jahre wurde die westdeutsche Gesellschaft 1958 durch den „Ulmer Einsatzgruppenprozeß" aufgeschreckt, bei dem es um die Ermordung von 4000 litauischen Juden nach dem deutschen Überfall auf die Sowjetunion 1941 ging.[34] Durch die Berichterstattung der Medien rückte erstmals seit den alliierten Prozessen der 40er Jahre wieder in

---

[29] Zu den Konsequenzen siehe *Klaus-Detlev Godau-Schüttke*, Ich habe nur dem Recht gedient. Die „Renazifizierung" der Schleswig-Holsteinischen Justiz nach 1945, Baden-Baden 1993; *Klaus Bästlein*, „Nazi-Blutrichter als Stützen des Adenauer-Regimes". Die DDR-Kampagnen gegen NS-Richter und -Staatsanwälte, die Reaktionen der bundesdeutschen Justiz und ihre gescheiterte Selbstreinigung 1957–1968, in: *Helge Grabitz/Klaus Bästlein/Johannes Tuchel* (Hrsg.), Die Normalität des Verbechens. Bilanz und Perspektiven der Forschung zu den nationalsozialistischen Gewaltverbrechen. Festschrift für Wolfgang Scheffler zum 65. Geburtstag, Berlin 1994, S. 408–443.
[30] Vgl. *Thomas Alan Schwartz*, Die Begnadigung deutscher Kriegsverbrecher. John J. McCloy und die Häftlinge von Landsberg, in: Vierteljahreshefte für Zeitgeschichte 1990, S. 375–408; siehe jetzt auch *Brochenhagen*, Nach Nürnberg, a. a. O. (wie Anm. 16).
[31] Vgl. *Rückerl*, NS-Verbrechen vor Gericht, a. a. O. (wie Anm. 22), S. 124 mit Anm. 37.
[32] Ebenda, S. 134 f.
[33] Zahlenangaben nach ebenda, S. 329.
[34] Siehe *Steinbach*, Nationalsozialistische Gewaltverbrechen, a. a. O. (wie Anm. 16), S. 46–48.

das Bewußtsein einer breiteren Öffentlichkeit, welche Verbrechen vor allem in Osteuropa verübt worden waren. Plötzlich sahen auch viele Politiker Handlungsbedarf. Noch am 5. Oktober 1958 wurde die „Zentrale Stelle der Landesjustizverwaltungen zur Aufklärung nationalsozialistischer Gewaltverbrechen" in Ludwigsburg gegründet. Dabei ging man davon aus, daß die bis heute bestehende „Zentrale Stelle" ihre Aufgaben binnen weniger Jahre erledigt haben würde.[35]

Noch 1960 ließ der Bundestag Totschlagsdelikte aus der NS-Zeit verjähren. Aber der Eichmann-Prozeß in Jerusalem und der Auschwitz-Prozeß in Frankfurt sorgten für anhaltende Diskussionen.[36] 1965 und 1969 verlängerte der Bundestag zunächst die Verjährungsfrist für Mord, bis sie 1979 ganz aufgehoben wurde.[37] Schon seit Anfang der 60er Jahre waren praktisch in allen Bundesländern bei bestimmten Staatsanwaltschaften Sonderdezernate zur Verfolgung nationalsozialistischer Gewaltverbrechen gebildet worden. Damit begann eine über die Tätigkeit der Ludwigsburger Zentralstelle hinausgehende, systematische und an den jeweiligen Tatkomplexen orientierte Aufarbeitung jener nationalsozialistischen Gewaltverbrechen, die vor allem im Osten Europas verübt worden waren.

In vielen Fällen setzten die Ermittlungen allerdings erst zu spät ein, zogen sich dann über Jahre hin und mußten schließlich eingestellt werden. In anderen Fällen, in denen es zur Anklageerhebung kam, verhängten Gerichte bisweilen kaum nachvollziehbar milde Strafen. Anfang der siebziger Jahre gab es Mammutverfahren wie den Majdanek-Prozeß, der buchstäblich das Fassungsvermögen der Beteiligten zu sprengen drohte. Und im Zusammenspiel mit medizinischen Gutachtern gelang es einigen Angeklagten, daß sie wegen vorgeblicher „Verhandlungsunfähigkeit" aus ihrer strafrechtlichen Verantwortung entlassen wurden.[38]

Ähnlich ungut verliefen die Ermittlungsverfahren gegen Mitarbeiter der obersten Reichsbehörden. 1969/70 wurden die auf Grund einer Spezialzuständigkeit von der Staatsanwaltschaft beim Kammergericht durchgeführt-

[35] Ebenda, S. 48–50; *Rückerl*, NS-Verbrechen vor Gericht, a. a. O. (wie Anm. 22), S. 139–151.

[36] Zum Eichmann-Prozeß siehe nach wie vor *Hannah Arendt*, Eichmann in Jerusalem. Ein Bericht von der Banalität des Bösen, München 1964; zum Auschwitz-Prozeß siehe jetzt *Gerhard Werle/Thomas Wandres*, Auschwitz vor Gericht. Völkermord und bundesdeutsche Strafjustiz, München 1995.

[37] Zu den Verjährungsdebatten siehe Deutscher Bundestag (Hrsg.), Zur Verjährung nationalsozialistischer Verbrechen. Dokumentation der parlamentarischen Bewältigung des Problems 1960–1979, 3 Bde., Bonn 1980 (Reihe „Zur Sache", 3 bis 5/80).

[38] Siehe *Herbert Jäger*, Verbrechen unter totalitärer Herrschaft. Studien zur nationalsozialistischen Gewaltkriminalität, Frankfurt/M. 1982; *Jürgen Weber/Peter Steinbach*, Vergangenheitsbewältigung durch Strafverfahren? NS-Prozesse in der Bundesrepublik Deutschland, München 1984. Vgl. auch *Helge Grabitz*, NS-Prozesse. Psychogramme der Beteiligten, Heidelberg 1985.

ten Ermittlungen gegen sie eingestellt. Ausgerechnet durch das Einführungsgesetz zum Ordnungswidrigkeitengesetz wurde nämlich im Vorgriff auf die Strafrechtsreform 1969 der erweiterte Gehilfen-Vorsatz eingeführt.[39] Da der Bundesgerichtshof nach ständiger Rechtsprechung aber nur die Repräsentanten des NS-Regime und Personen, die an Exzessen beteiligt waren, für Täter mit niedrigen Beweggründen hielt, bleiben die Schreibtischtäter aus der Berliner Ministrialbürokratie, von denen manche unterdessen in Bonn saßen, von Strafe verschont.[40]

Ein besonders deprimierendes Kapitel stellt schließlich die merkwürdig verständnisvolle Rechtsprechung der Tatsacheninstanzen und des Bundesgrichtshofes gegenüber NS-Juristen dar.[41] So wurde – von zwei Ausnahmen abgesehen, die Standgerichte in der Schlußphase des Krieges betrafen – kein einziger Richter oder Staatsanwalt wegen der unter der NS-Herrschaft verübten Justizverbrechen rechtskräftig verurteilt. Meines Erachtens wird hier mit Recht von einer Selbstamnestierung der Justiz für ihre eigenen Taten gesprochen. Das bleibt ein Makel, an dem wir zu tragen haben.

Trotz aller Schwierigkeiten und Probleme war die seit den sechziger Jahren von den Staatsanwaltschaften und Gerichten der Bundesrepublik bei der Aufklärung nationalsozialistischer Gewaltverbrechen geleistete Arbeit nicht vergeblich. Die Bilanz der eigentlichen Strafverfolgung bleibt zwar unbefriedigend. Aber ohne den Einsatz der Justiz und ohne die Prozesse wäre das ganze Ausmaß der nationalsozialistischen Verbrechen weder aufgedeckt, noch ins öffentliche Bewußtsein gerückt worden. Unsere heutigen Kenntnisse über die nationalsozialistischen Gewaltverbrechen beruhen in erster Linie auf der systematischen Arbeit der Justiz.[42]

---

[39] Federführend war dabei der Verfasser des Standard-Kommentars zum StGB, Eduard Dreher, der sich während der NS-Herrschaft am Sondergericht Innsbruck an Todesurteilen beteiligt hatte, und 1969/70 als Ministerialdirigent in der Strafrechtsabteilung des Bundesjustizministeriums die entscheidende Rolle spielte. Siehe *Helmut Kramer*, Entlastung als System. Zur strafrechtlichen Aufarbeitung der Justiz- und Verwaltungs-Verbrechen des Dritten Reiches, in: *Martin Bennhold* (Hrsg.), Spuren des Unrechts. Recht und Nationalsozialismus. Beiträge zur historischen Kontinuität, Köln 1989, S. 101–130.

[40] Vgl. ebenda.

[41] Siehe hierzu vor allem *Günter Spendel*, Rechtsbeugung durch Rechtsprechung. Sechs strafrechtliche Studien, Berlin/New York 1984; *Friedrich Dencker*, Die strafrechtliche Beurteilung von NS-Rechtsprechungsakten, in: *Peter Salje* (Hrsg.), Recht und Unrecht im Nationalsozialismus, Münster 1985, S. 294–310; *Thomas Vormbaum*, Der strafrechtliche Schutz des Strafurteils, Berlin 1987, S. 349–359.

[42] Siehe hierzu vor allem *C. F. Rüter/Adelheit Rüter-Ehrmann* (Red.), Justiz und NS-Verbrechen. Sammlung deutscher Urteile wegen nationalsozialistischer Tötungsverbrechen, 25 Bde., Amsterdam 1966–1985. Vgl. auch *Weber/Steinbach*, Vergangenheitsbewältigung durch Strafverfahren?, a. a. O. (wie Anm. 38); *Bästlein/Grabitz/Tuchel* (Hrsg.), Die Normalität des Verbrechens, a. a. O. (wie Anm. 29).

Was nämlich Zeithistoriker, Sozialwissenschaftler und Journalisten nach 1945 versäumten, holten in den sechziger und siebziger Jahren Staatsanwälte, Richter und historische Sachverständige nach. Sie sammelten Dokumente, Zeugenaussagen und sonstige Beweismittel. Ohne die Unterlagen der Justiz könnte heute nicht einmal die Zahl der ermordeten Juden sicher nachgewiesen werden.[43] Alt- und Neonazis vom Schlage der Herren Deckert, Leuchter und Laux hätten ein leichtes Spiel, um in bekannter Manier die Judenvernichtung zu leugnen, wenn nicht die unzweifelhaften Beweise für diese Verbrechen gesichert worden wären.

Was nun die rechtliche Auseinandersetzungen mit dem SED-Regime angeht, so fielen die grundlegenden Entscheidungen in der Mitte des Jahres 1990. Die Berliner Justizpolitik hatte dabei eine Art Schrittmacher-Funktion. Sie konnte sich auf einen breiten Grundkonsens stützen. Am 2. August 1990 wurden die wichtigsten Grundsätze mit den Präsidenten der Gerichte und den Generalstaatsanwälten aus dem Westteil der Stadt abgestimmt und in der Folgezeit gemeinsam vertreten. So gelang es, Berliner Justizpolitik auch auf Bundesebene erfolgreich durchzusetzen.

Zu den damals entwickelten Grundsätzen zählte vor allem, Berlin als Einheit zu behandeln. Die künstliche Trennung der Stadt sollte so schnell wie möglich überwunden werden. Deshalb erschien es nicht angängig, auch nur übergangsweise zwei unterschiedliche Gerichtsorganisationen nebeneinander bestehen zu lassen. Zudem hatte das Vertrauen in die Ost-Berliner Justiz ganz erheblich gelitten. Hier war ein radikaler Bruch nötig. So kam es – anders als in den neuen Ländern – am 3. Oktober 1990 zunächst zur Schließung der Gerichte im Osten der Stadt. Dies war allerdings nur vor dem Hintergrund einer funktionstüchtigen Justiz im Westen möglich, die zeitweilig auch für den Osten tätig werden konnte.[44]

Der radikale Bruch mit der Ost-Berliner Justiz ging mit einer grundlegenden personellen Erneuerung einher. Von den 281 Richtern und Staatsanwälten, die bis 1990 in Ost-Berlin amtierten, wurden nur 43 übernommen. Das entspricht einem Satz von lediglich 15 Prozent. Zum Vergleich: In Sachsen wurden 65 Prozent und in Brandenburg immerhin noch 54 Prozent übernommen. Berlin weist mit Abstand den niedrigsten Prozentwert aller neuen Länder auf.[45] Manche der sich durch die kleine Zahl von Über-

[43] Siehe *Wolfgang Benz* (Hrsg.), Dimensionen des Völkermords. Die Zahl der jüdischen Opfer des Nationalsozialismus, München 1991.
[44] Vgl. *Jutta Limbach*, Der Aufbau des Rechtswesens in Ost-Berlin, in: Neue Juristische Wochenschrift (NJW) 1993, S. 2499–2503; dies., Recht und Gerechtigkeit bei der Wiedervereinigung Deutschlands, in: Abgeordnetenhaus Berlin (Hrsg.), Recht und Gerechtigkeit bei der Wiedervereinigung Deutschlands. Fachtagung am 17. 9. 1993, Berlin 1994.
[45] Zahlenangaben nach Berliner Zeitung vom 11. 11. 1993 („Die Hälfte der Richter fiel durch das Raster").

nahmen ergebenden Ungleichgewichtigkeiten sind inzwischen durch die Einstellung junger und völlig unbelasteter Juristen aus dem Osten der Stadt ausgeglichen worden. Entsprechend wird auch weiter verfahren.

Darüber hinaus stand von Anfang an der Wille zu einer effizienten strafrechtlichen Verfolgung des Systemunrechts der DDR im Vordergrund. So wurde bei der Generalstaatsanwaltschaft beim Kammergericht am 3. Oktober 1990 sofort eine „Arbeitsgruppe Regierungskriminalität" gebildet. Hinzu traten Sonderdezernate bei der Staatsanwaltschaft beim Landgericht. Die Berliner Justiz nahm dabei von Anfang Aufgaben wahr, die ganz Deutschland oblagen. Doch der Bund und die übrigen Länder waren erst auf massiven Druck hin bereit, sich daran – auch finanziell und presonell – zu beteiligen. Unterdessen konnten die Arbeitsmöglichkeiten sowohl technisch durch die Anmietung geeigneter Räume, als auch organisatorisch durch die Bildung der Staatsanwaltschaft II entscheidend verbessert werden.

Ebenso wie nach dem Ende der nationalsozialistischen Herrschaft waren die rechtlichen Probleme bei der Auseinandersetzung mit dem Systemunrecht der DDR wiederum erheblich. Im Mittelpunkt stand auch jetzt wieder das Rückwirkungsverbot. Unterdessen gibt es hierzu – jedenfalls in Teilbereichen – eine gefestigte Rechtsprechung, die besagt, daß in der DDR verübte Straftaten nur dann verfolgt werden können, wenn sie sowohl nach dem Recht der DDR als auch demjenigen der Bundesrepublik oder aber nach allgemeinem Menschenrecht strafbar waren.[46] Daneben bestehen nach wie vor erhebliche rechtliche Unsicherheiten, so daß die Rechtsprechung in „Pilotverfahren" ausgetestet werden muß. Das gilt zum Beispiel für die zweite Anklage gegen Mitglieder des Politbüros, bei der es um die Verantwortung für das Grenzregime geht.

Allein von der ehemaligen „Arbeitsgruppe Regierungskriminalität" sind bis Ende 1994 über 3000 Ermittlungsverfahren eingeleitet worden, von denen die Mehrzahl unterdessen durch Einstellung, Abgabe oder auf andere Weise erledigt ist. In rund 150 Fällen wurde Anklage erhoben. Mehr als die Hälfte der Anklagen betreffen Gewalttaten an den Grenzen zum Westteil Berlins und der Bundesrepublik. Auch Wirtschaftsdelikte und Verfahren wegen Rechtsbeugung spielen eine große Rolle. Dahinter treten Straftaten

---

[46] Zum Grenzregime siehe Entscheidungen des Bundesgerichtshofs in Strafsachen (BGHSt), Bd. 39, S. 1 ff; Bd. 39, S. 168 ff; Bd. 40, S. 48 ff. Zur Verantwortlichkeit von Mitgliedern des „Nationalen Verteidigungsrats der DDR" für das Grenzregime siehe BGH-Urteil vom 26. 7. 1994 – 5 StR 98/94 –, in: Juristenzeitung (JZ) 1995, S. 45–52 (mit Anmerkung von *Claus Roxin*). Zur Rechtsbeugung durch DDR-Richter und -Staatsanwälte siehe BGHSt, Bd. 40, S. 30 ff, Bd. 40, S. 169 ff, Bd. 40, S. 272 ff. Vgl. hierzu kritisch *Günter Spendel*, Rechtsbeugung und Justiz – insbesondere unter dem SED-Regime, in: JZ 1995, S. 375–381.

des Ministeriums für Staatssicherheit, bei denen es sich vor allem um Auftragsmorde handelt, zahlenmäßig erheblich zurück.[47]

Die gute Arbeit der Staatsanwaltschaft II hat mittlerweile sogar zu einem Engpaß bei den Gerichten geführt. Denn es sind zwar über 60 Staatsanwälte mit der Aufarbeitung des Systemunrechts der DDR befaßt, aber es ist für die Durchführung der Prozesse keine einzige Richterstelle hinzugekommen. Ich habe deshalb gefordert, auch die Richterschaft des Landgerichts Berlin mit Hilfe des Bundes und der Länder zu verstärken. Meine Forderung ist zu unserer Freude nicht auf taube Ohren gestoßen. Aber jetzt blockiert der Bundesfinanzminister die Beteiligung des Bundes. Will Herr Dr. Waigel keine „kalte Amnestie" durch eine Nichtbehandlung von Anklagen, muß er bald handeln. Denn sonst scheitern die mit großem Aufwand vorbereiteten Verfahren an der Arbeitsüberlastung der Gerichte.

Konnte es den Medien bei der Strafverfolgung des Systemunrechts der DDR anfangs gar nicht schnell genug gehen, und wurden die verhängten Strafen eher als zu milde kritisiert, so bestimmen unterdessen ganz andere Themen die öffentliche Diskussion. Vor allem die Forderungen nach einer Amnestie oder Straffreiheit für in der DDR verübte Straftaten machen Schlagzeilen.[48] Dabei finden zum Teil dieselben Argumente und Kampfbegriffe Verwendung wie bereits in den 50er Jahren. Von „Rache-" und „Siegerjustiz" ist die Rede und neuerdings auch von einer „Kolonialjustiz" übereifriger westdeutscher Strafverfolger.[49] Gleichzeitig scheint sich ein Stimmungsumschwung in der Bevölkerung zu vollziehen. Im Osten und – merkwürdigerweise – auch im Westen Deutschlands möchte offenbar viele einen „Schlußstrich" ziehen.[50]

Solche Stimmen aus der ostdeutschen Bevölkerung nehme ich sehr ernst. Sie sollten uns auch Anlaß zum kritischen Nachdenken sein. Denn offenbar wähnen sich viele zu Unrecht auf der Anklagebank. Dazu haben möglicherweise Ungeschicklichkeiten der Justiz beigetragen. Ich denke nur an die fragwürdige Praxis, nahezu jede Rehabilitierungssache auch als Ermittlungsverfahren einzutragen. Daher rühren Horrorzahlen über Zehntausende von Strafverfahren, die tatsächlich niemals zur Anklageerhebung ge-

[47] Nach einer Übersicht der Staatsanwaltschaft II beim Landgericht Berlin zum 30. 6. 1995 wurden bis zu diesem Zeitpunkt wegen Gewalttaten an der Grenze 58, wegen Justizunrecht 54, wegen Wirtschaftsdelikten 32 und wegen Straftaten des MfS 24 Anklagen erhoben. Hinzu traten 40 Anklagen wegen vereinigungsspezifischer Wirtschaftskriminalität.

[48] Vgl. nur die zahlreichen diesbezüglichen Beiträge seit Mitte 1994 in Der Spiegel und Die Zeit.

[49] Siehe in diesem Zusammenhang vor allem die Berichterstattung in Neues Deutschland.

[50] Siehe etwa das entsprechende Plädoyer von *Uwe Wesel* in: Die Zeit vom 5. 1. 1995.

langen.[51] Aber es gibt auch Pauschalverdächtigungen, die unterschwellig gegenüber Ostdeutschen kultiviert werden nach der Devise „Alle sind verdächtig, gegen jeden liegt etwas vor". So läßt sich die innnere Einheit gewiß nicht herstellen.

Im Ergebnis bin ich dennoch der Meinung, daß sich die Justiz mit ihren Entscheidungen zum Systemunrecht der DDR nicht zu verstecken braucht. Denn es handelt sich hierbei um eine kleine Zahl rechtsstaatlich gesicherter Verfahren, bei denen die verhängten Strafen stets im unteren Bereich lagen und bei denen keiner der Verurteilten in Strafhaft sitzt. Wer ein solches Vorgehen als „Sieger-" oder gar „Rachejustiz" bezeichnet, weiß nicht, was Rachejustiz ist. Auch die angebliche „Kolonialjustiz" übereifriger westdeutscher Strafverfolger ist ein bloßes Schlagwort aus der Mottenkiste des kalten Krieges. Und was eine Amnestie oder Straffreiheit anlangt, so kann ich mir davon ebensowenig eine beruhigende oder gar heilsame Wirkung versprechen wie von der Schließung der Stasi-Akten.

Die Spannungen und Probleme würden nur vertagt, um eines Tages um so heftiger hervorzubrechen. Die Versuche, während der 50er Jahre das NS-Unrecht faktisch zu amnestieren, führten Ende der 60er Jahre zu um so heftigeren Konflikten im Rahmen der Studentenrevolte. Die gesellschaftspolitischen Auseinandersetzungen eskalierten damals vielleicht in Deutschland auch deshalb so heftig, weil die jungen Menschen die älteren, aus der NS-Zeit überkommenen Funktionsträger für unglaubwürdig und für nicht bereit hielten, ihre eigene politische Beteiligung und Verantwortung zu reflektieren und zu übernehmen.[52] „Unter den Talaren – der Muff von tausend Jahren " war der Ausdruck dieses Konflikts. Wir sind, so meine ich, sehr gut beraten, nicht ein weiteres Mal Zuflucht in Verdrängung zu nehmen.

Gegen die anstehende Verjährung von weniger schweren Straftaten und Bagatellsachen bestehen dagegen aus meiner Sicht keine Bedenken. Denn mir geht es vor allem darum, daß Fälle von erheblicher und mittlerer Bedeutung ordnungsgemäß und in Ruhe aufgeklärt werden können. Das Strafrecht ist die ultima ratio der Gesellschaft. Es soll zeigen, wo die Grenzen eines für die Gesellschaft noch hinnehmbaren Verhaltens liegen. Dem Strafrecht kommt mithin ebenfalls eine Klarstellungs- und Konsensfunktion zu. Ich meine, daß dies auch im politischen Bereich und nicht nur gegenüber der gewöhnlichen Kriminalität gilt, wenngleich ich nicht verkenne,

---

[51] Denn gerade bei Rechtsbeugungs-Verfahren sind ja immer wieder dieselben Personen betroffen, so daß sich Dutzende oder gar Hunderte der im Zuge von Rehabilitierungsverfahren eingetragenen Ermittlungsverfahren gegen jeweils nur eine Person richten.

[52] Vgl. *Steinbach*, Nationalsozialistische Gewaltverbrechen, a. a. O. (wie Anm. 16); *Ulrich Brochhagen*, Nach Nürnberg, a. a. O. (wie Anm. 16).

daß unser Strafrecht nicht für Revolutionen gemacht ist und daß es auch außerstande ist und sein muß, verlorene Lebenschancen zurückzubringen. Aber es darf nicht geschehen, daß diktatorische Regime ihre eigenen Verbrechen dadurch sanktionieren, daß sie sich gesetzlich entsprechend legitimieren. Deshalb bleibt die strafrechtliche Auseinandersetzung mit Systemunrecht Auftrag und Aufgabe eines freiheitlich-demokratischen Rechtsstaates.[53]

Vor dem Hintergrund des Bürgerkriegs in Bosnien-Herzegowina und den Bemühungen der Vereinten Nationen, die Verantwortlichen dem Internationalen Gerichtshof in Den Haag zuzuführen, haben die Grundsätze des Nürnberger Urteils wieder eine aktuelle Bedeutung gewonnen.[54] Selbst erklärte Gegner des Urteils müssen heute einräumen, daß die Nürnberger Grundsätze zur Anwendung allgemeinen Völkerrechts eine rechtsschöpfende Kraft besitzen. Diese Kraft hat zwar bislang nicht ausgereicht, sie durchzusetzen. Aber mit der Bedeutung der Internationalen Staatengemeinschaft wird auch ihre Bedeutung kontinuierlich größer.

Vor diesem Hintergrund muß die innerstaatliche strafrechtliche Auseinandersetzung mit Systemunrecht fortgesetzt werden. Die Versäumnisse bei der Strafverfolgung der nationalsozialistischen Gewaltkriminalität können 50 Jahre danach nicht mehr korrigiert werden. Aber die Strafverfolgung des Systemunrechts der DDR kann und muß fünf Jahre nach deren Ende in Ruhe, mit Sachlichkeit und Augenmaß, mit Gelassenheit und unter Beachtung aller rechtsstaatlichen Verfahrensgarantien fortgesetzt werden.

Dabei geht es nicht darum, wie man bisweilen hören kann, die Versäumnisse nach 1945 durch um so unnachsichtigere Verfolgung des SED-Unrechts quasi zu kompensieren.[55] Was immer die Motive der Handelnden bzw. Untätigen nach 1945 waren – heute lebt eine andere, politisch unbelastete Generation von Juristen. Für sie besteht nicht der mindeste Anlaß, wegen fragwürdiger Praxen im Zusammenhang mit der Verfolgung des NS-Unrechts heute ihren rechtsstaatlichen Verfolgungsauftrag zu verletzen. Gleichheit im Unrecht gibt es nicht – auch nicht für diejenigen, die sich in der ehemaligen DDR schuldig gemacht haben.

[53] Anderer Auffassung: *Günther Jacobs*, Vergangenheitsbewältigung durch Strafrecht? Zur Leistungsfähigkeit des Stafrechts nach einem politischen Umbruch, in: *Josef Isensee*, Vergangenheitsbewältigung durch Recht, Berlin 1992, S. 37–64.

[54] Siehe hierzu *Herwig Roggemann*, Der internationale Strafgerichtshof der Vereinten Nationen von 1993 und die Balkankriegsverbrechen, in: Zeitschrift für Rechtspolitik (ZRP) 1994, S. 297–301.

[55] Noch fragwürdiger erscheint mir die häufige Gleichsetzung von NS- und SED-Unrecht. Vgl. hierzu kritisch *Hubert Rottleuthner*, Deutsche Vergangenheiten verglichen, in: *Grabitz/Bästlein/Tuchel* (Hrsg.), Die Normalität des Verbrechens, a. a. O (wie Anm. 27), S. 480–502; *Klaus Bästlein*, Funktion und Struktur der Justiz in autoritären Systemen am Beispiel der Justiz im NS-Staat und in der DDR, in: Juristische Zeitgeschichte, hrsg. vom Justizministeriums des Landes NRW, Bd. 2/1994, S. 39–51.

An dieser Entschlossenheit hat auch die jüngste Entscheidung des Bundesverfassungsgerichts vom 15. Mai 1995 zur sogenannten Ost-Spionage nichts geändert.[56] In der Öffentlichkeit hat diese Entscheidung eine lebhafte Diskussion ausgelöst, und zwar auch in Hinblick auf mögliche Konsequenzen für eine weitere Verfolgung aller möglichen Straftaten, die unter der SED-Herrschaft begangen worden sind. Hierbei wird freilich gelegentlich übersehen, daß das Bundesverfassungsgericht sich ausschließlich mit dem besonderen Kriminalitätsumfeld des Landesverrats und der geheimdienstlichen Agententätigkeit befaßt hat.

Soweit das Bundesverfassungsgericht entschieden hat, daß die durch die Herstellung der deutschen Einheit bedingten Veränderungen bei der strafrechtlichen Ahndung von Spionagetätigkeiten differenziert zu berücksichtigen sind, und daß dies zur Straffreiheit von ehemaligen Staatsbürgern der DDR führen muß, wenn diese ihre Tätigkeit ausschließlich von dem Boden der ehemaligen DDR ausgeübt haben, wurde dies ausdrücklich mit den Besonderheiten der Straftatbestände dieses Deliktsbereichs begründet. Eine Spionagetätigkeit unterliegt – im Gegensatz zu anderen strafrechtlich relevanten Verhaltensweisen – eben nicht allgemein einem sozialethisch verwerflichen Unrechtsurteil, sondern nur dann, wenn zugunsten einer fremden Macht spioniert wird.

Andererseits hat das Bundesverfassungsgericht mit seiner Entscheidung auch klargestellt, daß für die mit der Spionagetätigkeit verbundene Begleitkriminalität – wie z. B. Freiheitsberaubung oder Körperverletzung – auch unter Berücksichtigung der durch die Herstellung der deutschen Einheit bedingten Besonderheiten eine Strafbefreiung gerade nicht eintritt.[57] Es bleibt deshalb die vordringliche Aufgabe der mit der Verfolgung von unter der Herrschaft des SED-Regimes begangenen Straftaten befaßten Berliner Strafverfolgungsbehörden – so wie bisher – offensichtliche und schwerwiegende Menschenrechtsverletzungen aufzuklären und sich mit Nachdruck für deren Ahndung einzusetzen.

Dies schließt nicht aus, sich im Laufe der fortschreitenden politischen und gesellschaftlichen Entwicklung immer wieder die Frage zu stellen, ob die strafrechtliche Verfolgung etwa des Justizunrechts, insbesondere aber der Rechtsbeugungsfälle, noch den gesellschaftlichen Grundkonsens der Bürgerinnen und Bürger findet. Nur dürfen wir dabei nicht den Fehler machen, diese Frage den Tätern zu stellen. Verzeihung und Versöhnung kann allein von den Opfern ausgehen.

---

[56] Beschluß des Bundesverfassungsgerichts, 2. Senat, vom 15. 5. 1995 – 2 BvL 19/91, 2 BvR 1206/91, 2 BvR 1584/91, 2 BvR 2601/93 –.
[57] Ebenda, S. 71 f.

www.ingramcontent.com/pod-product-compliance
Lightning Source LLC
Chambersburg PA
CBHW060815100426

42813CB00004B/1088